CONSEILS AUX COURTIERS EN LIBRAIRIE.

par MAURICE LACHATRE

Paris

CONSEILS

AUX COURTIERS

EN

LIBRAIRIE

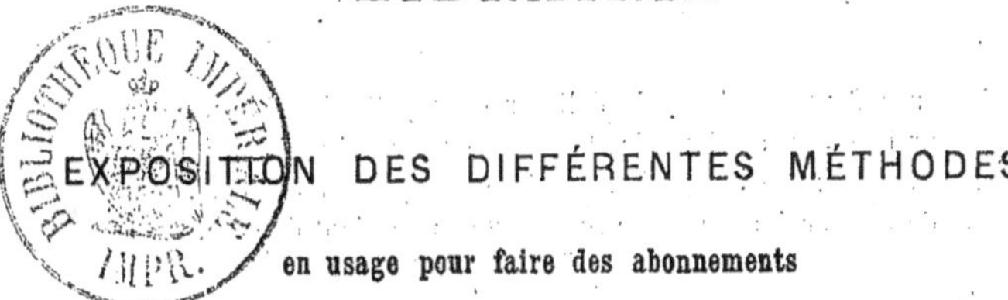

EXPOSITION DES DIFFÉRENTES MÉTHODES

en usage pour faire des abonnements

LE MOYEN DE PARVENIR AU BIEN-ÊTRE ET A LA FORTUNE

PAR

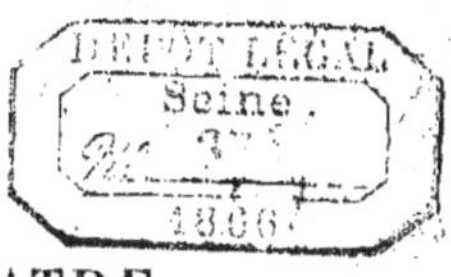

MAURICE LACHATRE

Prix : Dix centimes

PARIS

DOCKS DE LA LIBRAIRIE

38, BOULEVARD SÉBASTOPOL, 38

1866

Nous prions nos Correspondants de délivrer cette petite brochure, moyennant dix centimes, aux courtiers en librairie et aux personnes qui aspirent à le devenir, en laissant toutefois aux acquéreurs la faculté de la rapporter dans les quarante-huit heures et de rentrer dans la petite somme qu'ils auraient donnée.

Nous engageons les Courtiers en librairie à lire très-attentivement cette brochure, et à en faire une nouvelle lecture, chaque jour, avant de se mettre au travail, pour bien se pénétrer des idées qui y sont émises et se rémémorer tout ce qui s'y trouve écrit.

CONSEILS

AUX COURTIERS

EN

LIBRAIRIE

Les conseils donnés aux membres d'une corporation ou à ceux qui aspirent à en faire partie, ont plus de chances d'être accueillis, lorsqu'on sait qu'ils viennent d'un homme du métier, ayant pratiqué les différents systèmes qu'il expose, à travers les difficultés d'une existence, semblable, hélas ! à celle de milliers de personnes qui sont à la recherche d'une position sociale ; et l'on sera d'autant plus disposé à suivre les conseils de son expérience que l'on saura aussi que leur mise en pratique a fait sortir l'auteur d'un état d'extrême pauvreté, lui a procuré le bien-être ainsi qu'à sa famille, et l'a élevé à la fortune.

Or, ce qui a été possible pour un jeune homme de 20 ans, dénué de toute espèce de ressources, sans profession, sans appui, perdu, pour ainsi dire, au milieu d'une grande ville, est évidemment praticable pour les neuf dixièmes des personnes qui se trouvent sans emploi et sont en recherche d'une occupation quelconque.

Le métier de courtier en librairie ne demande pas, chez ceux qui l'exercent ou qui veulent s'y consacrer, des qualités extraordinaires ; il suffit d'avoir une teinte d'instruction, savoir lire et écrire, être vêtu décemment, pouvoir s'exprimer avec quelque facilité, sans blesser les lois de la grammaire ni celles de la bienséance, être doué de quelque intelligence, et surtout de l'esprit de persévérance, pour être apte à la profession. Celui qui possède les qualités vulgaires que nous venons d'énumérer est assuré de réussir dans le courtage en librairie et de s'y créer, par le travail, une bonne et fructueuse position.

En faisant appel aux hommes pour remplir les fonctions de courtier en librairie, nous n'entendons point faire d'exclusion à l'égard des femmes qui se sentiraient en état de remplir les conditions indiquées dans notre programme; nous croyons, au contraire, qu'un grand nombre de personnes du sexe, à Paris et dans les villes des départements, trouveraient à exercer dans notre profession, utilement et honnêtement, leurs facultés de travail; beaucoup même conviendraient mieux que certains hommes pour ce genre d'exploitation, ayant plus de tact, d'éloquence persuasive, et aussi plus de courage et de persévérance. Les femmes, à Paris, sont déjà courtières en diamants, en dentelles, en broderies; elles sont employées pour la vente à la commission dans les grands magasins de châles, d'étoffes; elles sont admises, pour le service, dans les plus somptueux restaurants; plusieurs, en ces derniers temps, se sont mises sur les bancs des Écoles de droit, de médecine et de chirurgie; elles peuvent donc aborder en toute sécurité les fonctions de courtières en librairie, et nous garantissons un grand succès à celles qui voudront en remplir les devoirs, en sachant conserver leur dignité et en imposant aux hommes, par leur conduite, le respect dont on ne doit jamais s'écarter envers une femme.

La mise de fonds pour exercer la profession de courtier en librairie, est de 2 fr. pour l'acquisition d'un carton garni des spécimens des ouvrages illustrés de la maison, ou de 4 fr. pour l'achat d'un magnifique spécimen relié contenant 40 livraisons illustrées du DICTIONNAIRE UNIVERSEL avec le portrait de l'auteur; — chaque courtier a la faculté de rendre le carton ou le spécimen relié, dans un délai de huit jours, en échange de la petite somme versée, s'il renonçait à continuer le travail. — Les prospectus et les bulletins d'abonnement sont fournis gratuitement aux courtiers par la maison.

Le courtier, en possession du carton ou du spécimen du DICTIONNAIRE UNIVERSEL, a dans ses mains l'instrument de travail qui doit lui procurer les moyens de subvenir à ses besoins et à ceux de sa famille; il ne s'agit plus, pour lui, que de s'en servir de la manière qui lui semblera le mieux appropriée à ses aptitudes et dans les conditions qui lui paraîtront les plus favorables. C'est là où notre expérience commence à être de quelque utilité, pour nos collaborateurs, en leur exposant les différents systèmes en usage pour l'exploitation de nos ouvrages, mais c'est à eux de les étudier, de les pratiquer pour se mettre en état de faire un choix judicieux et d'adopter celui qui convient le mieux à leur nature et à leur caractère.

Nous recommandons aux courtiers, nouveaux ou anciens, de venir chaque matin au bureau, de 8 heures à 9 heures, et de partir au travail appareillés, selon leurs sympathies réciproques, deux par deux; arrivés dans la rue qu'ils se proposent d'exploiter, chacun d'eux prend un côté, et l'un ou l'autre, après quelques visites dans les magasins, les ateliers et les appartements du côté qui lui est échu, attend son camarade pour lui faire part des succès qu'il a obtenus; de cette façon, l'on s'encourage mutuellement, de plus, le travail interrompu pendant quelques minutes de conversation entre camarades, est rendu plus attrayant et peut se continuer plus longtemps sans fatigue et sans ennui.

En entrant chez une personne à laquelle on veut faire des offres de service, le premier devoir est de saluer et de rester la tête découverte; s'il pleut et qu'on ait un parapluie à la main, il faut le déposer dans un coin où il ne puisse toucher à aucun meuble ni mouiller les rideaux; on s'approche de la personne pour lui présenter un prospectus du DICTIONNAIRE UNIVERSEL et engager en même temps la conversation sur l'ouvrage dont on a soin d'ouvrir le spécimen aux pages où se trouvent les gravures. Voici, en quels termes, on peut exposer l'objet de sa visite, sauf à varier le thème selon les individus avec lesquels on est en contact et selon les circonstances :

« J'ai l'honneur de vous soumettre le spécimen d'un ouvrage qui se publie par livraisons de DIX CENTIMES, chaque semaine, le DICTIONNAIRE UNIVERSEL par MAURICE LACHATRE, illustré de magnifiques gravures, imprimé avec le plus grand soin sur papier glacé et satiné. Un Dictionnaire est un livre qui convient à tout le monde, c'est le livre des savants et des ignorants, des riches et des pauvres ; embrassant l'universalité des connaissances humaines, il est utile dans toutes les professions ; on y trouve des notions curieuses, intéressantes sur les choses qui sont l'objet de nos études et de notre travail et, par surcroît, sur celles qui sont l'objet des études ou des travaux des autres ; on y apprend l'histoire, la géographie, la botanique, la mythologie, toutes les sciences, tous les arts et les métiers ; par sa partie biographique le DICTIONNAIRE UNIVERSEL nous fait connaître tous les grands hommes, tous les bienfaiteurs de l'humanité, tous ceux qui ont marqué leur passage sur cette terre par des actes héroïques, de grands talents, des découvertes précieuses, des vertus éclatantes, et aussi, hélas ! par leurs crimes et leurs forfaits. Le DICTIONNAIRE UNIVERSEL, par son extrême bon marché, DIX CENTIMES la livraison, est à la portée des plus petites bourses ; nul ne peut objecter qu'il ne peut pas donner DIX CENTIMES chaque semaine pour se procurer un livre utile, attrayant, qui charme et instruit tout à la fois, qu'on ne peut ouvrir à quelque page que ce soit sans y rencontrer une ou plusieurs gravures pour la récréation des yeux, et sans y trouver des articles de nature à délasser l'esprit ou des conseils philosophiques propres à calmer les douleurs de l'âme. Le DICTIONNAIRE UNIVERSEL, par la beauté du texte et du papier, est un livre de luxe, digne de figurer dans les plus riches bibliothèques, et en même temps un prodige de bon marché, puisqu'il ne coûte que DIX CENTIMES par livraison ! »

Lorsque la personne à laquelle on a répété la petite exposition concernant l'ouvrage proposé, aura répondu qu'elle consent à s'abonner, le courtier doit écrire sur un des bulletins d'abonnement dont il est porteur, et très-lisiblement, le nom, la profession, l'adresse du client, et si c'est un ouvrier ou un commis, le nom et la profession du patron chez lequel ils sont employés et où ils doivent être servis.

Ensuite on continue ainsi l'entretien avec le client :

« Je vous prie de me dire s'il vous serait agréable de recevoir une série de cinq livraisons par semaine pour 50 centimes, ou une partie brochée, contenant huit séries, par mois, pour 4 francs. »

Le client ayant indiqué s'il préfère recevoir l'ouvrage par séries de 50 centimes, ou par partie brochée, chaque mois, on en prend note. On lui demande ensuite l'adresse d'une ou de plusieurs personnes de sa connaissance, avec l'autorisation d'aller les visiter de sa part. Un abonné ne refuse presque jamais de donner l'adresse des personnes de sa famille ou de son intimité qu'il suppose être en état de s'abonner ; ces adresses sont précieuses pour le courtier, et, s'il sait en tirer parti, il aura bientôt sur son cahier de notes, une série de personnes à visiter, chez lesquelles il pourra se présenter sous les auspices de ceux qui lui auront donné les adresses, et continuant ainsi à réclamer des adresses à toutes les personnes qu'il visite, il se ménagera des entrées faciles chez une foule de personnes où il aura des chances de placements presque certains de nos ouvrages.

Le petit cahier de notes et un crayon sont deux objets dont un courtier doit toujours être muni.

Le mode d'exploitation régulière, rue par rue, maison par maison, étage par étage, est le plus simple, celui qui convient le mieux dans une grande ville surtout, parce qu'il permet de visiter un plus grand nombre de personnes dans le moins de temps ; mais il semble moins facile à quelques courtiers parce qu'il met constamment en présence de gens avec lesquels on ne peut entrer immédiatement en relations aussi amicales que dans le second cas, lorsqu'on peut leur dire qu'on vient de la part d'un de leurs parents ou de leurs amis, abonné déjà au DICTIONNAIRE UNIVERSEL, pour leur soumettre le spécimen de l'ouvrage.

C'est à chaque courtier d'expérimenter l'un et l'autre mode de travail, puis de s'adonner à celui qui lui conviendra le mieux ; ou bien d'adopter un genre d'exploitation pour la matinée, et de réserver l'après-midi de chaque jour pour visiter les personnes disséminées dans la ville auprès desquelles il peut s'appuyer de recommandations d'abonnés.

Un autre système employé de préférence par certains courtiers, consiste à faire une distribution régulière de prospectus du DICTIONNAIRE UNIVERSEL à domicile, chez les locataires des maisons d'une même rue, par exemple, de remettre cent prospectus dans une matinée, en mains propres, aux personnes qui résident dans une même rue, et d'aller relever les prospectus dans l'après-midi, c'est-à-dire, de revenir chez les mêmes personnes pour leur demander si elles ont examiné le prospectus laissé entre leurs mains dans la matinée, et alors profiter de cette entrée toute naturelle pour leur présenter l'ouvrage et leur adresser l'allocution qui doit aboutir à l'abonnement.

Quelque soit le mode adopté par le courtier, le résultat final et quotidien sera l'obtention de trois abonnements, en moyenne, s'il a consacré six heures au travail d'exploitation, de 9 heures à midi, et de 2 heures à 5 heures du soir.

Mais, le travail, pour être fructueux, doit être répété chaque jour ; le courtier qui veut réellement se créer une position, qui tient à cœur de gagner le pain de sa famille, qui songe à s'assurer pour lui et pour les siens une réserve pour l'avenir, ne doit jamais écouter les conseils de la paresse ou de la dissipation ; il ne doit jamais capituler avec sa conscience et s'abstenir de venir au bureau, le matin, sous prétexte que le temps ne serait pas propice aux affaires, soit parce qu'il tomberait de l'eau, soit parce que la terre serait enveloppée d'un brouillard, ou parce qu'il règnerait un froid rigoureux, ou parce que la chaleur serait excessive. Notre travail se fait par tous les temps, dans toutes les saisons ; il arrive souvent que les journées qui avaient semblé devoir être les moins favorables, par l'aspect du temps, sont précisément celles où l'on réalise le plus d'abonnements, par suite de quelqu'une des mille circonstances favorables qui sont inhérentes au métier lui-même. Il faut donc venir chaque matin au bureau et se rendre ensuite à son travail, en compagnie, ainsi que nous l'avons indiqué ; s'il pleut, on a soin d'être muni d'un parapluie ; s'il fait froid, on se couvre chaudement et l'on se chausse de souliers à double semelle en bois, pour éviter les rhumes ; s'il fait chaud, on porte des vêtements légers ; mais on doit travailler chaque jour, sauf le dimanche qui est consacré au règlement des comptes, le matin, de 8 heures à midi, et qui peut être employé au repos et aux distractions dont chacun de nous a besoin, après une semaine bien remplie par le travail.

Chaque soir, de 5 heures à 6 heures, on doit rentrer au bureau pour faire transcrire les abonnements obtenus sur les bulletins de service destinés à être répartis entre les facteurs de la maison, selon les circonscriptions qu'ils desservent, et aussi, d'après le désir du courtier qui peut toujours désigner le facteur auquel il veut confier le service de ses abonnements, sauf l'agrément de celui-ci; le courtier, par la remise de ses bulletins dans le service d'un facteur, abandonne en quelque sorte à celui-ci le fruit de son travail; si le facteur est un homme exact dans ses visites aux abonnés, poli, engageant, les versements hebdomadaires se suivront régulièrement et les commissions acquises au courtier grossiront d'autant; si c'est un homme d'ordre et de probité, les bulletins de service seront émargés avec soin, et les commissions figureront sur son compte général d'où elles seront transcrites sur le compte particulier du courtier pour lui être payées aux jours ordinaires des règlements; il est donc naturel que le courtier ait le droit de choisir, parmi les facteurs, celui qui lui paraît devoir mener à bonne fin les abonnements qu'il a faits, et dont la loyauté lui inspire toute sécurité pour l'inscription des versements effectués. Cette sécurité augmentera encore son goût au travail, et par suite produira un surcroît d'abonnements, qui élèveront le chiffre de ses commissions, tout en augmentant les remises du facteur et en multipliant pour celui-ci les occasions de nouvelles affaires, par le fait même de l'extension de la clientèle qui lui est apportée par le courtier. La loyauté du facteur aura eu pour conséquence le bon accord entre lui et le courtier, et par suite accroissement sensible de recettes et de commissions ou remises à toucher pour l'un comme pour l'autre : chacun d'eux aura trouvé son compte dans l'application des principes de Justice et de Réciprocité dont nul ne devrait s'écarter.

En suivant la marche que nous avons indiquée, en se conformant rigoureusement à nos prescriptions, un courtier, d'une intelligence fort ordinaire, mais assidu à son travail, peut obtenir, chaque jour, en moyenne, trois abonnements, soit, par mois, représentant 25 jours de travail, 75 abonnements.

Sur ce nombre on doit compter que le tiers, environ, ne fera aucun versement lorsque le facteur se présentera pour livrer les séries du Dictionnaire universel ou les volumes des ouvrages pour lesquels l'abonnement avait été pris; l'expérience nous a appris que certaines personnes, après avoir réellement consenti à prendre un abonnement, reviennent sur leur détermination et, quand le facteur se présente, le lendemain, ou au jour du service de la circonscription, pour leur offrir la série de l'ouvrage, elles répondent qu'elles ont changé d'avis; parfois le facteur en insistant convenablement finit par les décider à recevoir l'ouvrage, mais trop souvent il échoue dans sa tentative et est obligé de rapporter le bulletin de service avec l'annotation « Refus; » ou bien, les adresses sont, quelquefois, mal données, et il rapporte également le bulletin avec l'annotation « Inconnu. »

Nous calculons donc que, sur 75 abonnements, 25 sont nuls et 50 seulement peuvent être livrés; mais sur ce reliquat, il faut encore compter qu'une moitié s'arrêtera en route, les uns après avoir payé 2 fr., d'autres après avoir payé 4 fr., 6 fr., 8 fr., 10 fr., et, en moyenne, 8 fr.; un quart poursuivra jusqu'à la fin de l'ouvrage, un dernier quart continuera l'*Encyclopédie* qui, probablement, suivra le Dictionnaire universel et dont les livraisons seront intercalées dans les dernières séries du Dictionnaire pour mettre les clients à même d'apprécier le nouvel ouvrage et pour le leur faire accepter comme étant le complément indispensable du premier.

D'après ces données il est facile de calculer à combien aura pu s'élever la rémunération du courtier pour le travail d'un mois. La commission allouée est de 6 fr. par abonnement au Dictionnaire universel, payable à raison de 50 cent. sur chacun des douze premiers francs payés par les clients; c'est-à-dire que si l'abonné ne fait qu'un seul versement de 1 fr. le courtier n'aura à recevoir que 50 cent.; sur 2 fr. versés, 1 fr. de com-

mission ; sur 3 fr. versés, 1 fr. 50 cent. de commission ; sur 4 fr. versés, 2 fr. de commission, et ainsi à continuer, jusqu'à ce que le client ait payé 12 fr. sur lesquels le courtier
aura eu sa commission entière de 6 fr. payée, au fur et à mesure qu'auront eu lieu les
versements. Plus tard, si la maison publie l'*Encyclopédie*, une nouvelle commission de
3 fr. sera due au courtier, pour chacun des volumes à paraître du nouvel ouvrage, ou sur
chaque cycle de vingt-quatre séries de 1 franc, payable de la même manière sur la moitié
des versements effectués, et sur les séries qui correspondront au commencement d'un
volume.

RÉMUNÉRATION PROBABLE D'UN COURTIER POUR UN MOIS DE TRAVAIL

Pour 25 abonnements ayant versé, en moyenne, 8 fr. (commission due sur chaque abonnement 4 fr.) 100 fr.
  — 13   —   —   —   12 fr. (—   —   —   6 fr.) 78
  — 12   —   —   —   50 fr. (—   —   —   6 fr.) 72 fr.

Total. . . . . 250 fr.

Et, ultérieurement, sur les 12 abonnés qui pourront continuer à recevoir les séries de l'Encyclopédie. 72 fr.

Total général. . . 322 fr.

Chaque courtier aurait donc à recevoir, dans un délai plus ou moins rapproché, —
suivant l'accélération du service et de la réception des séries par les abonnés, — une
somme de 250 fr. pour un mois de travail, avec probabilité d'un supplément de commission
de 72 fr., dans un temps, il est vrai, encore éloigné ; mais, si le nombre des abonnements a été celui que nous avons indiqué et que notre longue expérience nous fait consi-
dérer comme devant être la règle, et non l'exception, pour les courtiers qui voudront
consacrer six heures par jour au travail des abonnements.

En outre, il est accordé des avances, à ceux des courtiers qui font preuve de zèle et
d'assiduité, pendant les premiers mois de travail, jusqu'à ce que les recettes de leurs
abonnements aient pu élever le chiffre de leurs règlements hebdomadaires de commissions à la somme nécessaire à leurs besoins raisonnables, mais dans les proportions sui-
vantes :

    40 fr. par semaine au courtier qui a 18 abonnés inscrits sur le registre, servis par
        les facteurs, dans le cours de la semaine, et ayant versé chacun au moins
        un franc ;

    25 fr. pour 12 abonnements inscrits dans les mêmes conditions ;

    12 fr. pour 6 abonnements inscrits dans les mêmes conditions.

Pour établir le chiffre de la rémunération probable des courtiers, nous avons pris le
DICTIONNAIRE UNIVERSEL comme étalon, d'abord parce que c'est précisément l'ouvrage qui
réunit le plus grand nombre d'abonnements, ensuite parce que la commission de 6 fr.
auquel il donne droit représente la moyenne des commissions attribuées aux autres ouvrages et aux abonnements aux primes en Horlogerie, Bijouterie, Orfévrerie et Miroiterie dont s'occupe également la maison.

La commission sur les ouvrages atteignant le prix de 50 fr. et au-dessus est de 6 fr.

Sur les ouvrages atteignant le prix de 32 fr. la commission est de 4 fr.

(Sur les ouvrages complets en un seul volume ou en 2 ou 4 volumes, la commission
est de 15 pour cent).

Nous ferons remarquer qu'il n'y a point de cause d'empêchement ou de retard pour
l'entrée en possession de la totalité des commissions par les coutiers de la part de la

maison, tous nos ouvrages étant complets, sauf le DICTIONNAIRE UNIVERSEL qui marche rapidement vers sa terminaison et l'*Encyclopédie* qui est en préparation. C'est aux courtiers et aux facteurs d'agir auprès des abonnés, avec tact et réserve cependant, pour les engager à faire des versements plus élevés, selon leurs ressources, et suivant les saisons plus ou moins favorables ; car, avant tout, on ne doit pas oublier que nos clients sont, en majeure partie, des ouvriers, des ouvrières, auxquels nous voulons faciliter l'acquisition d'ouvrages ou de primes et que nous devons traiter avec les plus grands ménagements. Même, au point de vue de l'intérêt du courtier et du facteur, mieux vaut une rémunération lente à venir mais qui se grossit avec le temps, qu'un bénéfice qui vient de suite et s'arrête brusquement.

Sur les primes en Horlogerie, Bijouterie, Orfévrerie et Miroiterie, d'une valeur de 50 fr. la commission est de 5 fr., mais cette commission se perçoit à chaque nouveau cycle de 50 fr., c'est-à-dire que si l'abonné continue ses versements après avoir complété une somme de cinquante francs, une nouvelle commission de 5 fr. est acquise au courtier, et cela, jusqu'au complet payement de la prime formant l'objet de l'abonnement, montre d'argent ou montre d'or, pendule ordinaire ou pendule riche, chaînes en or, bijoux, parures, glaces de petite, de moyenne ou de grande dimension, etc... (Pour les bijoux d'une valeur inférieure à 30 fr. la commission allouée est de 15 pour cent).

Les abonnements aux primes sont, avec les ouvrages de librairie, une source de profits importants pour les courtiers, et ils ne doivent pas négliger d'aborder la question des abonnements aux objets d'utilité et d'agrément, quand ils ont échoué dans l'offre du DICTIONNAIRE UNIVERSEL et de nos autres ouvrages. Mais il est essentiel de faire remarquer à nos collaborateurs que c'est toujours le prospectus du DICTIONNAIRE UNIVERSEL et la présentation de l'ouvrage qui doit servir d'entrée en matière avec les clients ; le DICTIONNAIRE est bien accueilli partout, c'est, en quelque sorte, la clé qui doit nous ouvrir toutes les portes. Si donc on refuse notre ouvrage parce qu'on est déjà en possession d'un autre dictionnaire ou pour un motif quelconque, la personne étant déjà favorablement disposée par la vue du spécimen du DICTIONNAIRE UNIVERSEL, on aborde la question des primes en ces termes :

« Nous sommes également chargés de recueillir des abonnements à CINQ CENTIMES PAR JOUR pour l'acquisition de PRIMES consistant en objets d'HORLOGERIE, BIJOUTERIE, ORFÉVRERIE et MIROITERIE ; c'est-à-dire que moyennant un versement de 50 centimes, par semaine, somme qu'on peut même réduire à 40, à 30, à 20, à 10 centimes, en échange de Bons de dix centimes revêtus de la signature du Directeur des Docks du commerce frappée en timbre sec, on peut faire l'acquisition d'un objet d'utilité ou d'agrément, soit une montre, soit une pendule, soit une chaîne en or, ou tout autre bijou ; les versements ont lieu à domicile, à un jour déterminé de chaque semaine, sans dérangement ni déplacement pour les abonnés, entre les mains des facteurs de l'administration chargés du service du quartier, contre les BONS de DIX CENTIMES ou de UN FRANC qu'ils doivent remettre aux clients et selon leur convenance. »

Il est facile de comprendre combien ce mode d'abonnement est favorable aux ouvriers, aux ouvrières et à une foule d'employés ; aussi le nombre des abonnements aux primes devient-il de jour en jour plus considérable ; un exemple, entre mille, fera ressortir les avantages du système : un ouvrier, père de famille, désire faire l'acquisition d'une pendule, qui est un objet de véritable utilité dans un ménage, car s'il ne sait pas l'heure, il est exposé à quitter son logement, chaque matin, trop tôt ou trop tard ; s'il est parti trop tôt pour se rendre au travail, il sera forcé d'attendre l'ouverture des portes de l'atelier soit dans la rue, soit au cabaret, c'est-à-dire au détriment de sa santé ou de sa bourse ; s'il est parti trop tard, l'heure de l'ouverture de l'atelier étant passée, le patron lui fera supporter, selon les règlements, la perte d'un quart de journée. Le soir, si sa ménagère n'est pas fixée sur la marche du temps, c'est-à-dire si elle ne sait pas l'heure, elle pourra mettre trop tôt ou trop tard sur le feu les aliments qui doivent servir au repas de la famille au retour du mari, et courra le risque de les servir brûlés ou pas assez cuits. La possession d'une pendule remédie à tous ces inconvénients, mais cette acquisition entraîne à une dépense de 60 fr. au moins, que le pauvre ménage ne pourra jamais faire peut-être. C'est alors que nous intervenons en faveur de l'ouvrier ; il prend un abonnement, et chaque semaine, sans qu'il ait à se déranger pour le payement de sa cotisation, un facteur va percevoir à son atelier, un franc, ou 50 centimes, ou même 10 centimes ; et quand il a entre les mains des Bons pour la valeur de la pendule dont il veut faire l'acquisition, il se rend à notre magasin et choisit une belle pendule, garantie pendant deux ans, à sonnerie, marchant 15 jours, avec socle et cylindre, qu'il n'aura payée que 50 fr., c'est-à-dire à un prix inférieur à celui qu'il aurait eu à payer au comptant chez un horloger. La raison du bon marché des primes dans notre maison, comparé aux prix des objets similaires chez les horlogers et bijoutiers, est dans les économies des frais généraux produites par l'agglomération des affaires, résultat de notre mode d'abonnements, et de la réduction du prix des objets que nous achetons au comptant et toujours en nombres considérables. Le client profite de tous ces avantages, il paye les marchandises dans notre magasin moins cher que chez les marchands qui vendent les mêmes articles ; et, néanmoins, le courtier ainsi que le facteur ont reçu une rémunération qui, en réalité, représente le bénéfice intégral qu'aurait fait le marchand s'il eût fait la vente directement au client. La maison aura eu tout simplement ses frais couverts au moyen de l'escompte concédé par les fabricants sur ses acquisitions.

Voilà quels sont les arguments que le courtier en librairie doit mettre en avant lorsqu'il fait ses offres de service, pour faire cesser les indécisions et la crainte mal fondée que peuvent avoir certaines personnes de payer nos primes plus cher que chez les bijoutiers et horlogers.

Quelques courtiers en librairie adoptent un mode mixte pour leur travail, c'est de livrer eux-mêmes aux abonnés tous les ouvrages qui leur sont demandés ; ce mode entraîne à des inconvénients sans nombre, dont les principaux sont de faire perdre, chaque jour, un temps précieux pour les achats de livraisons, séries et volumes, chez les divers éditeurs, et de faire éprouver des pertes plus ou moins considérables aux courtiers lorsque les abonnés refusent de recevoir les ouvrages, ou disparaissent ; ceux qui ont essayé ce système mixte ont toujours été forcés d'y renoncer après un temps assez court. Dans notre longue pratique de la librairie nous n'avons pas vu un seul courtier qui ait réussi de cette manière.

Celui qui veut faire le service de facteur a tout avantage à s'attacher à une maison qui le supplée dans tous les détails d'approvisionnements de marchandises ; alors il peut consacrer tout son temps au travail, soit pour servir les abonnés, soit pour accroître sa clientèle. Mais, il est important pour le courtier devenu facteur, de faire choix d'une maison honorable, remplissant loyalement ses engagements envers les abonnés, vendant ses produits à un prix équitable , afin de ne pas se trouver exposé dans ses visites quotidiennes chez les abonnés à des réclamations désagréables , à des reproches pénibles , et par suite à se trouver évincé de toutes les maisons, de tous les ateliers, et d'en être réduit à abandonner le métier faute de clients.

Enfin , un nouveau système de courtage que nous avons inauguré en 1865 lors de l'installation des Docks du commerce, boulevard Sébastopol, n° 38, a produit des résultats satisfaisants qui ont dépassé toutes nos espérances, et nous croyons rendre à nos collaborateurs et à nos correspondants un service signalé en leur expliquant le mécanisme qui est des plus simples, pour qu'ils puissent en faire l'application à Paris et ailleurs.

Nous avons organisé, sous le nom d'agence d'abonnements, un groupe de quatre courtiers chargés de se tenir pendant tout le jour, depuis 8 heures du matin jusqu'à 9 heures du soir, devant notre magasin ; chacun d'eux porte la casquette d'uniforme de la maison ; ils peuvent s'absenter, deux par deux, pour prendre leurs repas ou pour aller visiter des clients, ou pour se reposer, comme ils le veulent, toute liberté leur est laissée à cet égard, pourvu qu'il y en ait constamment deux présents sur les quatre. Leur travail consiste à entrer en conversation avec chacune des personnes qui s'arrête devant le magasin, pour examiner les livraisons du DICTIONNAIRE UNIVERSEL qui sont en montre, ou les gravures de nos autres publications, ou les primes exposées dans les vitrines, en faisant ressortir l'utilité de l'ouvrage, en répétant les explications que nous avons déjà indiquées sur le DICTIONNAIRE UNIVERSEL ou sur les avantages des abonnements pour l'acquisition d'une pendule, d'une montre, d'une chaîne en or, d'objets de bijouterie, d'une glace, ou encore pour faire faire son portrait en photographie, moyennant un minime versement de un franc, de 50 centimes, de 40, de 30, de 20, même de 10 centimes par semaine. Le thème sur lequel les courtiers de l'agence doivent broder est exactement le même que celui à l'usage des courtiers exploitant nos ouvrages à domicile ; mais leur tâche est bien plus facile que celle de leurs collègues ; installés devant notre magasin, porteurs de la casquette d'uniforme, ils se sentent chez eux et ont plus de force, plus d'éloquence pour entraîner leur auditeur à prendre un abonnement.

Les résultats constatés pour une année entière d'exercice présentent les chiffres suivants :

Chacun des quatre courtiers, alternant son travail par des intervalles de repos ou par des visites chez des clients choisis, emploie 6 heures par jour à faire des abonnements ; il entre en conversation avec 10 personnes environ, par heure, c'est-à-dire avec 60 pendant tout le cours de la journée ; sur ce nombre il obtient un abonnement, en moyenne, sur dix personnes. Les nouveaux clients sont introduits dans le magasin par le courtier qui leur fait signer un bulletin d'abonnement et s'efforce de les décider à faire un versement de un franc ou plus à compte sur l'abonnement : lorsque l'abonné est employé dans quelque grande maison de commerce, ou dans un établissement important, ou si c'est un ouvrier attaché à un atelier considérable, le courtier ne doit jamais oublier de lui remettre quelques prospectus en le priant de les distribuer à ses camarades et en le prévenant qu'il se rendra le jour suivant ou plus tard dans la maison où il se trouve employé, pour offrir le DICTIONNAIRE UNIVERSEL à ses collègues, en se présentant sous ses auspices, ou pour recueillir des abonnements pour les primes d'Horlogerie, Bijouterie, Orfévrerie et Miroiterie. En procédant ainsi, le courtier se ménage pour l'un des jours suivants l'occasion d'utiliser les heures de distraction et de repos qu'il s'est réservées, puisqu'il peut espérer que la promenade qu'il doit faire lui aura procuré un ou plusieurs abonnements qui viendront s'ajouter à ceux qu'il aura faits au magasin dans la journée.

La commission sur les abonnements faite par les courtiers de l'agence est attribuée, pour un tiers à la maison, pour ses frais de loyer et autres, et pour deux tiers aux courtiers, chacun, pour les abonnements qui lui sont personnels, la maison ayant reconnu qu'il était sage et juste de laisser à chaque courtier les produits de son travail particulier, et de ne point permettre la mise en commun des bulletins.

Sur 6 abonnements nous avons calculé que le tiers devait être annulé, pour refus ultérieur de recevoir les séries ou les Bons; que sur les quatre abonnés qui avaient consenti à prendre les séries ou les Bons du facteur chargé du service de la circonscription,

```
1 abonné produisait, en moyenne,  2 fr. sur laquelle somme la commission du courtier est de 0 fr. 65
2 abonnés     —         —         8 fr. ensemble 16 fr.        —            —,       5    35
1 abonné      —         —        50 fr. ou 100 fr.            —            —        4 ou 8 fr.
```

Total du montant probable des commissions pour une journée de travail. . . . . 10 ou 14 fr. Ou, par mois de 250 fr. à 350 fr.

Et, en attendant la réalisation de ces abonnements, la maison, à titre d'avances, alloue à chaque courtier, pendant les premiers mois d'exercice :

```
160 fr. par mois, sur 80 abonnements inscrits au  compte personnel du courtier, et ayant payé au
    —             moins un franc entre les mains du facteur ;
140 fr.    —      sur 60 abonnements inscrits dans les mêmes conditions ;
120 fr.    —      sur 40 abonnements inscrits dans les mêmes conditions.
```

Ceux des courtiers qui ont cent abonnements ou plus inscrits pendant le cours d'un mois figurent sur un tableau d'honneur dressé chaque mois pour les courtiers qui ont atteint ce chiffre et pour les facteurs qui ont obtenu un chiffre de recettes d'au moins 1,500 fr., et entrent en participation, à la fin de l'année, dans la répartition des gratifications si la recette générale de la maison a dépassé 400,000 fr., c'est-à-dire après que les frais généraux ont pu être couverts et sur une partie de l'excédant des recettes pouvant constituer un bénéfice que le Directeur applique pour un tiers à la Réserve, et dont il distribue un autre tiers entre les courtiers, facteurs et commis les plus méritants, et le dernier tiers en pensions pour les courtiers vieux ou infirmes ou en secours à ceux qui ont des charges de famille et les infortunés, sans acception de pays ni de religion.

Grâce à ce système, la maison voit s'accroître, chaque année, le chiffre de ses abonnements dans une proportion considérable; car, aux 4,000 nouveaux clients obtenus par les courtiers de l'agence viennent s'ajouter en nombre au moins égal, sinon supérieur, ceux que font les facteurs chargés du service des abonnés chez des milliers de nouveaux clients où ils rencontrent les amis, les camarades, les parents de ceux-ci, auprès desquels ils trouvent un accueil bienveillant et toute espèce de facilités pour augmenter leur clientèle.

C'est à ce dernier mode d'abonnement que doivent s'attacher les courtiers en librairie, d'après notre jugement appuyé sur l'expérience; et, pour le mettre en pratique, à Paris, comme dans toutes les grandes villes, il s'agit simplement de prendre en location à la journée, à la semaine, au mois ou pour un trimestre, un local vacant placé dans un quartier populeux, sur un point très-passager, d'y apposer quelques grandes affiches, de mettre sur la devanture, intérieurement, derrière les carreaux ou, mieux encore, s'il n'y a point de vitrine, sur une planche disposée à cet effet, des livraisons du Dictionnaire universel, des gravures et quelques volumes de nos autres ouvrages, ainsi que cinq ou six échantillons de nos primes en pendules, glaces, etc..., avec quelques chaises et deux tables dans la boutique, puis d'opérer comme font les courtiers de l'agence.

Plusieurs essais de cette nature que nous avons faits ont eu le succès que nous en attendions ; le plus difficile pour les renouveler est de rencontrer quatre courtiers disposés à remplir leurs obligations de travail, hors de la surveillance d'un chef ; le succès, nous le répétons, est assuré, mais à la condition que quatre personnes voudront bien se prêter un mutuel concours, se suppléer réciproquement aux heures où les uns ou les autres ont besoin de s'absenter, s'astreindre à un travail fixe et régulier de six heures par jour.

Précisément à cause de la difficulté de rencontrer quatre personnes connaissant suffisamment notre métier pour n'avoir pas besoin de la surveillance d'un chef, nous avons décidé que nous laisserions à chaque employé qui se sentirait capable de conduire une opération de cette nature, la charge de la constitution et de la direction du groupe. C'est à celui qui se sent assez fort pour établir une de ces agences de se mettre en quête d'un local et de chercher des aides ; tous les frais, naturellement, demeurent à sa charge et sous sa responsabilité ; il s'en récupère au moyen de la retenue du tiers des commissions, comme nous faisons nous-même avec les courtiers attachés à notre magasin ; il doit nous payer toutes les livraisons et volumes de nos ouvrages ainsi que les échantillons de primes en pendules, sauf la restitution ultérieure du montant s'il vient à cesser le travail, car on ne doit absolument vendre aucun livre, aucune livraison dans ces établissements, ce qui serait contrevenir à la loi qui n'autorise la vente des livres qu'aux personnes munies d'un brevet de libraire ou d'une permission provisoire ; on ne peut que recueillir des abonnements et recevoir des à-comptes sur le montant des ouvrages, mais les ouvrages eux-mêmes doivent être portés à domicile sous bandes, avec l'adresse des clients, et envoyés par l'éditeur-libraire.

Si le courtier chef de groupe a besoin de l'intervention de la maison pour faire face aux dépenses d'installation, il doit, avant de faire la demande d'une commandite, être attaché à la maison, à titre de courtier ou de facteur, depuis un temps jugé suffisant pour avoir pu apprendre le métier, et avoir un chiffre d'abonnements en cours qui puisse répondre de la somme qui lui serait avancée ; enfin, il devrait faire agréer par le Directeur les collaborateurs qu'il s'adjoint et, enfin, prendre l'engagement d'abandonner le tiers des commissions acquises sur les abonnements de son agence, jusqu'à complet remboursement de la commandite. Il devra, en outre, appliquer à la part des pauvres, selon les habitudes de notre maison, un pour cent du montant de ses recettes effectives.

Dans ces conditions, nul n'est exclu des bénéfices de la commandite commerciale, le champ reste ouvert aux légitimes ambitions, chaque courtier peut se mettre sur les rangs pour obtenir les moyens d'organiser une agence d'abonnements ; il ne s'agit pour chacun de vous, chers collaborateurs, que de vouloir travailler.

Avec la constance on vient a bout de tout. Soyez donc laborieux et persévérants.

Conformément au titre de notre brochure, nous vous avons indiqué le moyen de parvenir au bien-être ou à la fortune; tous, sans exception, si vous voulez vous astreindre à un travail constant et régulier de six heures par jour, vous réaliserez un nombre suffisant d'abonnements pour vous donner un chiffre de commissions qui assurent le bien-être à vous et à vos familles; et, parmi vous, les plus vaillants, les plus capables, les plus constants arriveront à la fortune.

Mais alors commencera pour ceux-là une difficile épreuve dont je veux, à l'avance, leur apprendre à sortir à leur honneur; je serais coupable si, pour vous faire entrer dans la voie du travail, je cherchais à développer en vous le sentiment de la cupidité; si, pour vous faire sortir d'un état de pauvreté que vous pouvez supporter avec résignation et qui vous rend méritants devant Dieu, je vous indiquais le chemin de la fortune où vous pouvez vous fourvoyer et perdre les mérites des souffrances passées, sans vous mettre en garde contre les dangers d'une situation nouvelle qui vous imposera de grands devoirs. C'est donc à moi, chers collaborateurs, de vous donner un dernier conseil, pour cette époque plus prochaine peut-être que vous ne l'imaginez, celle où vous serez devenus riches, par votre travail, avec l'aide de Dieu, celui des bons esprits, et un peu aussi par le concours que je vous aurai prêté.

La richesse ne doit pas être appliquée à des jouissances égoïstes et personnelles, elle doit être, entre vos mains, l'instrument dont vous vous servirez pour accomplir la plus grande somme possible de bien sur cette terre.

Le Christ commandait aux riches de vendre leurs biens et d'en distribuer le prix aux pauvres pour suivre sa loi.

Le Spiritisme ou La doctrine philosophique moderne dit à ceux et à celles qui possèdent les richesses sociales : « Gardez vos biens, exploitez-les vous-mêmes ou dirigez-en l'exploitation si vous êtes capables de remplir la fonction de travailleur ou celle de directeur, ou les deux fonctions à la fois et, dans le cas où vous n'auriez pas les forces et l'intelligence nécessaires pour les mettre en valeur, confiez-en l'exploitation à ceux et à celles que vous jugerez aptes à leur donner l'emploi le plus utile, le plus avantageux pour l'humanité, mais ne prélevez sur les produits que la part nécessaire a vos besoins raisonnables, proportionnés aux ressources générales, gradués sur les besoins des autres hommes; donnez a ceux et a celles qui auront concouru au travail une part également suffisante pour leurs besoins et distribuez le surplus aux faibles, aux pauvres, aux deshérités de ce monde, et vous aurez accompli la loi de Dieu, pour l'époque où nous vivons.

Plus tard, lorsque les sociétés modernes se seront transformées, lorsque le principe de la Solidarité aura remplacé celui de l'Individualisme dans les rapports des hommes entre eux, quand les peuples auront adopté et mis en pratique cette sublime devise : « Tous pour chacun, chacun pour tous; » alors un nouveau devoir vous incombera pour accomplir entièrement la loi de Dieu : « La restitution de vos biens au fonds commun, » pour les faire entrer dans l'outillage général, à titre d'instruments de travail destinés à être répartis entre les autres hommes suivant les forces et les aptitudes respectives, ou pour les réunir, à titre de richesses de consommation et de luxe, à la masse des richesses naturelles, industrielles et artistiques composant le domaine de la grande famille humaine.

1416 — PARIS. ÉDOUARD BLOT, IMPRIMEUR, RUE TURENNE, 66.